Günther Dichatschek

Christsein in der Moderne 6

Günther Dichatschek

Christsein in der Moderne 6

Aspekte der Bildungsgeschichte

Fromm Verlag

Imprint

Any brand names and product names mentioned in this book are subject to trademark, brand or patent protection and are trademarks or registered trademarks of their respective holders. The use of brand names, product names, common names, trade names, product descriptions etc. even without a particular marking in this work is in no way to be construed to mean that such names may be regarded as unrestricted in respect of trademark and brand protection legislation and could thus be used by anyone.

Cover image: www.ingimage.com

Publisher:
Fromm Verlag
is a trademark of
Dodo Books Indian Ocean Ltd. and OmniScriptum S.R.L publishing group

120 High Road, East Finchley, London, N2 9ED, United Kingdom
Str. Armeneasca 28/1, office 1, Chisinau MD-2012, Republic of Moldova, Europe
Printed at: see last page
ISBN: 978-3-8416-0568-9

Christsein in der Moderne 6

Aspekte der Bildungsgeschichte

Günther Dichatschek

Inhaltsverzeichnis

Einleitung

Ihrem Wesen nach ist Bildung - Erziehung, Unterricht und Lehre - auf die Zukunft ausgerichtet, ein Einblick in die Vergangenheit dient dem Verständnis von Bildung.

- In jeder Gegenwart liegt eine Vergangenheit und damit Geschichte.

- Das gilt für die Einzelperson, bei der jede Entscheidung aus früherer Zeit Erfahrungen, Erfolge und Defizite von Entwicklungen einwirken, wie auch für eine Kultur eines Zeitabschnitts. Der Bildungsbereich ist davon ebenso betroffen.

- Es geht demnach um pädagogische Auffassungen, Persönlichkeiten, Maßnahmen und Einrichtungen.

- Ihre Bedeutung liegt in der Kulturlage. Die Abhängigkeit erstreckt sich auf die geschichtliche Ereignisse.

Behandelt werden die einzelnen Bildungssektoren primärer, sekundärer, tertiärer und quartärer Bereich.

Ausgangspunkt des Beitrages sind

- das Studium der Erziehungswissenschaft (Universität Innsbruck), die Absolvierung des Universitätslehrganges Politische Bildung (Universität

Salzburg - Klagenfurt) und des Fernstudiums Erwachsenenbildung
(Evangelische Arbeitsstelle Fernstudium, Comenius - Institut Münster),

- die Tätigkeit in der Lehrerbildung und Evangelischen
  Erwachsenenbildung sowie

- die Auseinandersetzung mit der Fachliteratur und Vorarbeiten in der
  Lehre.

Der Beitrag ist eine persönliche Auseinandersetzung aus der angeführten
Motivation.

Ausgegangen wird von der Epoche der Reformation, in der Folge behandelt
die Evangelischen Schulen in Geschichte und Gegenwart, Evangelische
Hochschulbildung und Erwachsenenbildung.

1 Reformation

Im 16. Jahrhundert trafen Humanismus und Reformation zusammen. Die Beziehung beider Bildungsrichtungen sind zu betrachten.

Einig war man sich in der Kritik der Traditionen, Scholastik, des Autoritätsglaubens und der herrschenden kirchlichen Missstände.

Der Humanismus war eine Bildungsbewegung, die Reformation eine religiöse Bewegung. Es gab eine gegenseitige Beeinflussung.

- Der Humanismus als geistige Strömung innerhalb oberster Schichten von Renaissancefürsten und Universitätslehrern war ohne Verbindung zum Volk.

- Die Reformation war eine Volksbewegung, unterstützt vom Medien durch den entstandenen Buchdruck. Führend wurden im Protestantismus Persönlichkeiten.

1.1 Martin Luther

Seine religiöse Stellung wurzelt in der Auffassung, dass die Gnadenmittel der Kirche und die Werke nicht dem Seeelenheil verhelfen. Es ist eine Irrung der Kirche von der urchristlichen Heilslehre, dass sie die menschliche Ohnmacht nicht erkennt und die "guten Werke" so hoch stellt (vgl. im Folgenden HÖRBURGER 1967, 41-43).

Luther findet sich in der persönlichen Entscheidung, in der Freiheit gegenüber der Kirche als "Menschenwerk". In der Schrift "Von der Freiheit eines Christenmenschen" formuliert er die neue Position, die in der Folge entscheidend für eine Grundhaltung evangelischer Christen wird. Anderseits ist das Menschenwerk nichts, Gottes Werk ist alles. Der Mensch kann aus dem Glauben allein (sola fide) die Gnade Gottes erfahren.

Es bedarf keines Mittlers zwischen dem Einzelnen und Gott.

Abgelehnt wird das Priestertum und die sakramentalen Gnadenmittel der Kirche.

- Die Glaubensquelle des Glaubens ist einzig das geschriebene Wort der Bibel, eine mündliche Tradition wird abgelehnt.

- Um die Bibel bekanntzumachen, wurde sie in das Deutsch ("Kursächsische Kanzleisprache") übersetzt. nicht als der erste, aber als der volkstümlichste und erfolgreichste Übersetzer. Der Universitätslehrer Luther wusste um den Bildungswert des geschriebenen Wortes im Buchdruck.

Wenn auch das Priestertum seiner bisherigen Aufgaben enthoben wird, die Kirche als Institution wird nicht überflüssig, sie allerdings nicht Vermittlerin der Heilsmittel.

- Vielmehr ist sie Verkünderin des Wortes Gottes durch die Predigt.

- Aus der Erfahrung der Freiheit des Christenmenschen zur missverständlichen Auslegung der Schrift führen kann, schrieb Luther den "Kleinen Katechismus" für den allgemeinen Gebrauch und den "Großen Katechismus" für Pfarrer und Lehrer als Weisung für die richtige Auslegung.

Wenn Werke des Menschen nicht zum Heil beitragen, stellt im Gegenteil die Reformation den Einzelnen in die Welt zu Arbeit, Beruf und Kultur. Bildung in Verbindung mit Erziehung werden wichtig.

Zur Erziehung spricht Luther in verschiedenen Sermonen, er legt die Leitlinien für einen Geist der neuen Erziehung dar. Ihr Ziel ist ein persönliches Christentum. Dazu ist die Familie aufgerufen. Die Hilfsanstalt der Eltern ist die Schule. Sie müsse den Religionsunterricht zum Mittelpunkt haben. Dieser wird von nun an in den Lehrplan der Schreib- und Rechenschule als eigener Gegenstand aufgenommen.

- Sehr hoch schätzt Luther den erzieherlichen Einfluss der Musik. Selbst Sänger und Lautenspiele gab er mit seinem Freund Johann Walter (1524) das "Geistig Gesangsbüchlein" heraus, das erste evangelische Gesangsbuch, das in der Folge im Gottesdienst eine zentrale Stellung einnimmt.

- Er befürwortet auch den Geschichtsunterricht und die Leibesübungen, es fehlen Rechnen und die Realien.

- Das Lehrverfahren im "Katechismusunterricht" hält sich an das hergebrachte Schema von Auswendiglernen, Erklären und Abfragen. Luther hatte einen "Volksunterricht" im Auge.

- Daher spricht er erstmals von einem "Schulzwang", den die Obrigkeit einzuordnen hat. Er verlangt ihn zumindest für den Nachwuchs von Schulmeistern, Predigern, Juristen und Medizinern.

- Das höhere und akademische Bildungswesen hatte im Gefolge der Reformation einen Rückschlag erlitten. Kloster- und Domschulen waren mit der Einziehung der Kirchengüter aufgelöst worden, die Universitäten verödeten. Die Pfarren mussten mit ungebildeten Leuten besetzt werden. Dazu kam in den unruhigen Zeiten der Bauernkriege auch die Auflösung der städtischen Schulen.

- Hier griff Luther 1524 mit dem Schreiben "An die Ratsherren aller Städte deutschen Landes, dass sie christliche Schulen aufrichten und halten sollen" ein. Für den gelehrten Nachwuchs seien die alten Sprachen, Geschichte und Mathematik unumgänglich. Das war der Ansatz den Humanismus in der neue Fassung fortzuführen.

Indem Luther die weltliche Obrigkeit zur Schulgründung und zum Schulzwang aufrief, bahnte er die Schulhoheit des Staates an. Die Schulen wurden jetzt zu einer weltlichen Einrichtung, wenngleich sich die Evangelische Kirche noch lange die Leitung und Aufsicht vorbehielt.

1.2 Evangelische Pädagogen

In der Folge beeinflussen entscheidend Persönlichkeiten Entwicklungen im Bildungsbereich.

1.2.1 Philipp Melanchthon

Der aus der Pfalz stammende Philipp Melanchthon wurde der Organisator der höheren Schulen, des akademischen Schulwesens und der Universitäten.

- Humanistisch gebildet war er der Verfasser zahlreicher Lehrbücher und philosophischer und theologischer Schriften.

- In der "Confessio Augustana", die 1530 auf dem Reichstag von Augsburg vorgelegt wurde, schuf er die Grundlage des evangelisch - lutherischen Bekenntnisses ("Augsburger Bekenntnis", AB).

- Er ist auch der Verfasser der "Kursächsischen Schulordnung" (1528).

- Er rettete den Humanismus in die neugestalteten Lateinschulen und Universitäten, nicht mit einer Wiederbelebung antiker Geisteshaltung, vielmehr in einen religiösen Endzweck, weshalb man von einem "konfessionalisierten Humanismus" spricht.

Im Mittelpunkt der Lateinschulen standen der Latein- und Religionsunterricht, sie zielten auf eine "sapiens atque eloquens pietas".

- Gesang gehörte zum Unterricht, Realien und Mathematik hatten eine untergeordnete Stellung.

- Auch in Österreich wurden durch die Landstände evangelische Lateinschulen in Graz, Klagenfurt, Enns, Horn und Wien errichtet. Sie glichen in der Organisation und Methode den Schulen von Melanchthon, nur dass an diesen auch Mathematik, Astronomie und Geographie gelehrt wurde. Ein Lehrer war etwa in Graz Johannes Kepler.

Melanchthon organisierte auch die Universitäten um.

- In der artistischen (heute philosophischen) Fakultät kam trotz Luthers Einfluss die Philosophie von Aristoteles wieder zur Geltung.

- Dominierend war die Theologische Fakultät, die auch die "reine" Lehre der Universität überwachte.

- Die Rechtsfakultät gewann durch die Aufnahme des Römischen Rechts neue Bedeutung. Die Medizin blieb unbedeutend.

- Die studentische Ordnung ("Zucht") war streng und eng. Am Beginn geradezu klösterlich mit Verpflichtung zum Kirchenbesuch. Der Lehrbetrieb hatte sich gegenüber früher nicht geändert, es gab keine Forschung nur Wissensübernahme.

- Mit der Einengung auf das lutherische Bekenntnis der Landeskirche hörten gewisse Freizügigkeiten der Studierenden auf und verschwand der übernationale Charakter.

- Organisiert wurde von Melanchthon die Universität Wittenberg (1502) und wurde Beispiel anderer evangelischer Universitäten wie für Marburg (1527) und Jena (1588).

1.2.2 Schulgründungen

Als Folge der Abgeschlossenheit der Länder kommt es ungeachtet des Einflusses Melanchthons zu eigenen Schulorganisationen mit besonderem Gepräge von evangelischen Schulmännern.

- Valentin Friedland, genannt "Trotzendorf" (1490 - 1556) in Goldberg (Schlesien),

- Johannes Sturm (1507-1589) in Straßburg, der einen acht- bis zehnklassigen Bildungsgang schuf und aus dem 30 Jahre nach seinem Tod die Straßburger Universität hervor ging, sowie

- Michael Neander (1525-1595) nahm in seiner Schule in Ilfeld (am Harz) neben Latein auch Griechisch und Hebräisch sowie die Realien auf.

1.3 Niederes Schulwesen

Melanchthon und die anderen Organisatoren beschäftigten sich nicht mit einem muttersprachlichen Unterricht. Das geschah erst ab der zweiten Hälfte des 16. Jahrhunderts in den von Landesfürsten erlassenen oder revidierten Schulordnungen.

- 1559 wurde etwa die "Württembergische Kirchenordnung" mit einem Abschnitt über die "deutschen Schulen" erlassen. Hier erteilte der Küster (Kirchendiener) Unterricht im Buchstabieren, Syllabieren, Lesen und Schreiben, Religion nach dem Katechismus und Gesang (Küsterschulen).

- Interessant die Tendenz, zum Schulmeisteramt nur moralisch und wenigstens nach Kenntnissen geeignete Personen zuzulassen.

- Eine didaktische Eignung gab es, solange es keine Ausbildung zum Lehrer gab.

- Die Schulordnungen unterstellten auch die bestehenden privaten Schulen ("Winkelschulen") der geistlichen und staatlichen (kommunalen oder Landes-) Behörde.

Unabhängig von der Reformation beschäftigten sich Valentin ICKELSAMER um 1500 bis 1537 mit der elementaren Methodik des Lesens und Adam RIESE um 1492 bis 1559 mit dem Rechenunterricht einschließlich des schriftlichen Rechnens.

2 Evangelische Schulen

In Österreich übernimmt die Evangelische Kirche AB und HB im Schulwesen Mitverantwortung durch den Religionsunterricht, Schulseelsorge, Angebote der Jugendarbeit und Fortbildungsangebote für ihre Lehrenden.

Mit unterschiedlichen Trägerkonstruktionen gibt es eine Eigenverantwortung für ein evangelische Schulwesen.

Karl Ernst NIPKOW (1990, 504-507) unterscheidet drei Ausformungen,

- die relativistisch - pluralistische Nutzung als Nische ohne Abgrenzung und besonderes Interesse am übrigen Schulsystem,

- die dialogisch - pluralismusbezogene Nutzung in Solidarität mit der gesellschaftlichen und schulischen Vielfalt unter Berücksichtigung evangelischer Einsichten für die individuelle und gemeinschaftliche Lebensgestaltung und Bewältigung sowie

- die abgrenzend - pluralismusbezogene Nutzung unter Abgrenzung zum staatlichen Schulsystem.

Die zweite Möglichkeit wäre wünschenswert für ein evangelisches Schulwesen, das seine schul- und religionspädagogischen Bezüge wahrnimmt.

2.1 Evangelische Schulen in Geschichte und Gegenwart

Die Reformation beinhaltet die Forderung und Förderung von lokalen Christengemeinden getragenen Schulen und Neuanfängen im nicht-kirchlichen(staatlichen) Schulwesen.

Luther wandte sich 1524 "An die Ratsherren aller Städte deutschen Landes, dass sie christliche Schulen aufrichten und halten sollen". Nicht nur religiös-reformatorische Motive kamen zum Tragen, vielmehr auch allgemein-humanistische Traditionen.

Martin SCHREINER (1996) hat in seiner Habilitationsschrift die reformatorischen Anfänge in der Geschichte des evangelischen Schulwesens vor allem im 19. und 20. Jahrhundert nachgezeichnet. Je nach Wahrnehmung der gesamtgesellschaftlichen oder bildungspolitischen Bildungskultur im Vergleich zur christlichen Kultur werden Begründungen für die Errichtung evangelischer Schulen gegeben.

Informativ zur Geschichte und Gegenwart evangelischer Schulen gibt es

- Publikationen, die Homepage und Fernstudienangebote des Comenius - Instituts Münster.

- Seit 2002 bietet der Waxmann - Verlag Münster die Reihe "Schule in evangelischer Trägerschaft" an,

- für Österreich von Interesse ist der Band 7 von H.-E. - POLLITT-M. - LEUTHOLD-A. - PREIS (Hrsg.)(2007) "Wege und Ziele evangelischer Schulen in Österreich" als empirische Untersuchung".

Der Autor bezieht sich in der Folge auf die Untersuchung (siehe Kap. 2.3).

2.2 Aspekte aktueller Diskussion

Wie alle Schulen in privater Trägerschaft müssen evangelische Schulen mit besonderen pädagogischen Profilen ihre schulpädagogischen Leitbilder begründen.

- Eine Vorreiterrolle für Innovationen, schulinterne Lehrerfortbildung (SCHILF) und Schulentwicklung gehört aktuell zu einer guten Schule.

- Die Frage einer Unterscheidung zu anderen Schulen ergibt zwingend Bildungsziele, die zur Diskussion mit säkularen und anderen konfessionellen Gesprächspartnern führt (vgl. BARON - BOHNE - HALLWIRTH - SCHREINER - SCHULZ 2000, 18-20, 21). Die zentrale Fragestellung ergibt sich in der Förderung von Persönlichkeitsbildung bzw. Entwicklung der Lernenden durch Lehrende in pädagogischen Grenzsituationen

- Als Praxisräume ermöglichen evangelische Schulen eine volkskirchliche evangelische Ausrichtung als Lernort für die Institution Kirche.

- Eine aktive Bejahung weltanschaulicher und religiöser Vielfalt mit eigener reflektierter Positionierung im Kontext ethisch-religiöser und politischer Bildung muss/ soll es zu einer umfassenden Lernkultur von Lernen und Lehren kommen.

- Als Herausforderung gilt für eine konfessionsgebundene Schule der Umgang mit anderen Weltanschauungen, Konfessionen und Konfessionslosen. In der "Interkulturellen Kompetenz" und dem geltenden Unterrichtsprinzip "Interkulturelles Lernen" ist der Erkenntnisstand einer gesellschaftlichen Diversität ausgewiesen (vgl. DICHATSCHEK 2017).

2.3 Einordnung in das österreichische Bildungssystem

Im Folgenden wird auf die empirische Erhebung von POLLITT - LEUTHOLD -PREIS (2007) eingegangen, wesentliche Fakten werden zu einer Einordnung in das österreichische Bildungssystem zusammengefasst.

2.3.1 Gesetzliche Grundlagen - Auswahl

- 2006 wurde vom Bundesministerium für Bildung, Wissenschaft und Kultur gemäß BGBL II Nr. 500/2003 eine Erhebung des österreichischen Schulwesens durchgeführt, in der 22 evangelische Privatschulen (6,5 Prozent der konfessionellen Privatschulen) bestehen.

- Nach der Liste der Evangelischen Kirche kommen zur Schulstatistik des Bundesministeriums Fachschulen im Gesundheits- und Diakoniebereich sowie die Johann - Sebastian - Bach - Musikschule des Evangelischen Schulwerks AB Wien dazu, weil sie nicht der gesetzlichen Schuldefinition entsprechen.

- Die österreichische Bundesverfassung Art 14 Abs. 6, BGBL 1 Nr. 31/2005 versteht unter einer Schule Einrichtungen,

    - in denen eine Mehrzahl von Schülern gemeinsam,

    - nach einem festen Lehrplan unterrichtet wird,

    - im Zusammenhang mit der Vermittlung von allgemeinen oder allgemeinen und beruflichen Kenntnissen und Fertigkeiten,

    - ein umfassendes erzieherisches Ziel angestrebt wird.

Daraus folgt, dass Einzelunterricht ("häuslicher Unterricht") genauso wenig als "Schule" wie Fernunterricht zu gelten hat.

Die Privatschulfreiheit wird in Art 14 Abs. 7 mit dem verfassungsrechtlich gewährleisteten Anspruch auf Verleihung des Öffentlichkeitsrechts an Privatschulen festgelegt (Staatsbürgerschaft, Befähigung in gesetzlicher Weise).

Staatskirchenrechtliche Grundlage bildet das Protestantengesetz § 16 Abs. 2 Bundesgesetz über äußere Rechtsverhältnisse der Evangelischen Kirche BGBL Nr. 182/1961.

Das Privatschulgesetz BGBL Nr. 144/1962 i.d.F. der Novellen BGBL Nr. 29/1972, Nr. 448/1994 und Nr. 75/2001 bildet die zentrale Norm.

2.3.2 Empirische Untersuchungsergebnisse - Kurzfassung

In der empirischen Erhebung ergaben sich zusammenfassend folgende Ergebnisse einer Fragebogenuntersuchung an 22 evangelischen Schulen (vgl. ausführlich POLLITT - LEUHOLD - PREIS 2007, 28-81).

Zusammenfassend ist die allgemeine positive Beurteilung evangelischer Schulen in der typischen Diasporasituation Österreichs. Die hohe Zufriedenheit mit vorhandenen Angeboten und Leistungen dieser Schulen und Zufriedenheit fällt auf.

Die Gründe für einen Schulbesuch bzw. an diesen Schulen zu unterrichten liegen in den attraktiven pädagogischen Konzepten. Für evangelische Christen ist die religiös - evangelische Dimension der Schulen ein wichtiger Beweggrund, im Gegensatz zu Personen der Römisch-katholischen Kirche angehören. Für Lernende berufsbildender Schulen steht vor allem der Berufswunsch bei der Schulwahl im Vordergrund.

Evangelische Schulen zeichnen sich durch die Betonung der Gemeinschaftlichkeit, qualitätsorientierte Ausbildung, interessante pädagogische Konzepte und weniger durch ein spezielles evangelisches Profil aus.

Die Motivationen zum Besuch sind ebenso vielfältig wie die Anforderungen an evangelische Schulen.

Ein Anforderungsprofil an eine evangelische Schule könnte etwa so lauten:

- fachliche Qualität der Ausbildung und das Angebot alternativer Konzepte und Lernformen,

- Gewährleistung der Vermittlung von Gemeinschaftlichkeit,

- der Herausforderungen der sozialen Wirklichkeit durch Praxisorientierung,

- kreativer fächerübergreifender Unterricht und

- Formen der Welterschließung und Ethik aufzeigen.

Es besteht kein einheitliches evangelisches Profil und kein Interesse an einem einheitlichen evangelischen Leitbild. Ablehnend wird einer Vernetzung der einzelnen Schulen und beteiligten Personen gegenüber gestanden.

Von Interesse sind die Ergebnisse der Befragung von Akteuren der Schulleitungen, Schulaufsicht (Fachinspektoren), Lehrerbildung und von Vertretern der Kirche.

- Schulleitungen - Respekt vor der Individualität Lernender, Innovationfreude bzw. Aktualität von Traditionen, Bemühungen um Gesprächs- bzw. Konfliktkultur, Stellenwert des Religionsunterrichts, Förderung der Individualität, familiäres Schulklima, Demokratieverständnis, Qualität der Lehre bzw. Teamarbeit, ethische Haltung - christliche Werte - erfahrbare Spiritualität, Eigenheit jeder Schule, typische evangelische Komponenten (diakonische Gedanken in Projekten, neue Idee, Persönlichkeitsentwicklung, eigenverantworteter Glauben, gemeinsame Feiern von Festen, soziales Miteinander), keine Eliteschulen, keine parteipolitische Vereinnahmung - Radikalismus - religiöse Vorschriften mit Gebotscharakter

- Leitungen der Lehrerbildung (RPA, RPI - KPH) - Pluralität, angstfreies Lernen, Begleitung der Praktikanten - optimale Berufsvorbereitung,

Spiritualität, Miteinander, Stärkung des Selbstwertgefühls, ethische Haltung, Multikulturalität, verpflichtender Religionsunterricht, Bildungsauftrag, Umsetzung des Schulentwicklungsprozesses, mehr Öffentlichkeitsarbeit

- Vertreter der Kirche (OKR - SI) - Eigenverantwortung, Mündigkeit, soziales Miteinander, Schulklima, schülerzentrierte Lehrende, kritische mitgestaltende Eltern, multikulturelle multireligiöse Ansätze, alternative pädagogische Ansätze, geschlechtssensible Pädagogik, evangelisches Menschenbild, Glaube und Bildung, Pflege von christlichen Werten, Umgang mit der Bibel, evangelisches Geschichtsbewusstsein, Entwicklungsprozess eines Schulprofils.

3 Evangelische Hochschulbildung

Die zwei Institutionen der Hochschulbildung in Österreich werden in der Folge vorgestellt.

3.1 Kirchlich Pädagogische Hochschule Wien/ Krems

Die Kirchlich Pädagogische Hochschule (KPH) Wien/ Krems ist Österreichs größte Private Pädagogische Hochschule mit sieben Standorten in Wien und Niederösterreich.

Das gemeinsame Konzept der Erstausbildung, Fort- und Weiterbildung soll Lehrende in ihren pädagogischen und religionspädagogischen Berufsfeldern qualifizieren und professionalisieren. Im Sinne einer ökumenischen Perspektive fördert und lebt die KPH die Kooperation der sieben an der Hochschule vertretenen christlichen Kirchen (Katholische Kirche, Evangelische Kirche AB und HB, Griechisch - Orientalisch Kirche, drei Orientalisch - Orthodoxe Kirchen sowie Altkatholische Kirche) bei gleichzeitiger Wahrung der jeweiligen Identität.

Zusätzlich kooperiert die KPH in der Religionslehrer/ innenbildung und im Rahmen der Förderung interreligiöser Kompetenzen mit den Freikirchen, der islamischen Glaubensgemeinschaft, der Alevitischen Glaubensgemeinschaft, der Israelitischen Kultusgemeinde und der Buddhistischen Religionsgesellschaft.

Das breite Lehrangebot der KPH besteht aus den Lehramtsstudien für die Primar- und Sekundarstufe Allgemeinbildung, dem Bachelorstudium Elementarbildung und Kooperationen im Bereich der Religionspädagogik. Zudem bietet die KPH ein umfassendes Fort- und Weiterbildungsprogramm, mit Hochschullehrgängen bis zum Masterabschluss, Fortbildungsveranstaltungen und Begleitung bei Schulentwicklungsprozessen.

Die KPH hat mit Stand 2020 rund 2500 Studierende in der Erstausbildung und 1000 Studierende in Weiterbildungslehrgängen.

IT - Hinweis: https://www.kphvie.ac.at (5.4.20)

3.2 Evangelisch Theologische Fakultät/ Universität Wien

Die Fakultät ist die einzige ihrer Art in Österreich.

Ihre Geschichte spiegelt das Schicksal und die Geschichte des Protestantismus in den ehemaligen habsburgischen Landen und im Gebiet des heutigen Österreich wider.

- 1819 Dekret der Studienhofkommission zur Gründung einer Evangelisch-Theologischen Lehranstalt

- 1922 eigenständige Fakultät im Universitätsverband Wien

Die Fakultät hat deshalb die besondere Verantwortung und Pflicht, in Österreich das Gesamtgebiet der Theologie aus protestantischer Kultur- und Wissenschaftstradition in Forschung und Lehre zu vertreten sowie die historischc Erinncrung an die eigene protestantische Tradition wachzuhalten.

Die Fakultät weiß sich folgenden Grundsätzen und Zielen in Forschung und Lehre verbunden.

- Dem Prinzip der evangelischen Freiheit und den humanen Freiheitspostulaten, insbesondere der Freiheit in Forschung und Lehre und der Freiheit der Lehrenden und dem Respekt vor ihren,

- der Verantwortung für eine humane Gesellschaft,

- der Achtung vor der Überzeugung der Anderen, dem Prinzip des Dialogs und der Meinungsvielfalt,

- der Achtung vor der Würde des Menschen, insbesondere der Gleichbehandlung von Frauen und Männern sowie von Menschen unterschiedlicher sozialer Herkunft und die Integration behinderter Menschen,

- die Fakultät legt als Teil einer religiösen Minderheit in Österreich und vor dem Hintergrund der eigenen Geschichte besonderes Augenmerk auf die Anliegen und die Achtung von anderen religiösen und gesellschaftlichen Minoritäten.

Institute

Alttestamentliche Wissenschaft und Biblische Archäologie

Neutestamentliche Wissenschaft

Kirchengeschichte, Christliche Archäologie und Kirchliche Kunst

Systematische Theologie und Religionswissenschaft

Praktische Theologie und Religionspsychologie

Religionspädagogik

IT - Hinweis:

 http://www.univie.ac.at (5.4.20)

4 Evangelische Erwachsenenbildung

4.1 Herausforderungen

Erwachsenenbildung und Erwachsenenpädagogik stellt Theorie und Praxis vor besondere und andere Herausforderungen (vgl. DICHATSCHEK 2018, bes. 2-15).

- Die Beziehung zwischen Lehrenden und Lernenden ist eine Beziehung zwischen Mündigen. Es gibt keine Erziehung, die Klientel sind Teilnehmende.

- Es geht um Bildung, Qualifikationen und den Erwerb von Kompetenzen (Erwachsenenpädagogik).

- Die Organisation ist pluralistisch, es geht um das Bestehen am Bildungsmarkt (Bildungsmanagement).

- Den gesetzlichen Rahmen regelt der Staat.

- In rechtlicher Hinsicht ist Kirche mit ihrem Angebot der Erwachsenenbildung ein Anbieter unter vielen. Es gibt Konkurrenz auf dem Bildungsmarkt.

4.2 Aufgabenstellungen

Für die Evangelische Kirche - eine auf Mündigkeit aller Gläubigen aufbauende reformatorische Kirche - ergeben sich zudem drei besondere Aufgabenstellungen.

- Theologie bzw. Religionspädagogik fördert religiöses Wissen mit Haltung und fordert Handlung.

- Erziehungs- bzw. Bildungswissenschaft fördert Kern- und Lehrprozesse und fordert Mündigkeit und Engagement.

- Der Bildungsmarkt fördert Bildungsangebote und fordert Konkurrenz.

In dem interdisziplinären Fachbereich von Theologie, Erziehungswissenschaft und Bildungsmanagement geht es um

- die Herausforderung der jeweiligen Situation (Situationsanalyse),

- die Darstellung veränderter gesellschaftlicher Rahmenbedingungen (Gesellschaftsanalyse),

- den sich ändernden Wirtschaftsrahmen (Wirtschaftsanalyse) und

- Ziele und Zielkonflikte im Verhältnis der drei Fachbereiche (Lernzielanalyse).

4.3 Fragestellungen

Gefordert sind Fragestellungen nach einer theoretischen Abklärung der Aspekte des Bildungsmanagements und der Lerntheorien,

- der Besonderheit einer Organisation mit ihren Merkmalen,

- den Ergebnissen pragmatischer Entwicklungsperspektiven,

- der Konzeption Evangelischer Erwachsenenbildung,

- einer erwachsenenpädagogischen Handlungsorientierung,

- von Orten informellen Lernens,

- der Freiwilligkeit bzw. Ehrenamtlichkeit im Bildungsmanagement,

- den Teilbereichen Evangelischer Erwachsenenbildung wie

    - religiöse Bildung und Lernkulturen,

    - Diakonisches Lernen und Lehren,

    - Politische Erwachsenenbildung,

    - Friedenslernen,

    - Globales Lernen,

    - Interkulturelle Kompetenz,

    - Altersbildung und

- Erwachsenenpädagogik und Hochschuldidaktik.

Ein wichtiges Ergebnis ist die Erfahrung, dass der Erwachsenenbildung in Zukunft höhere Bedeutung beizumessen sein wird.

- In der Zukunft einer Volkskirche unter Bedingungen der Globalisierung, der Trans- bzw. Interkulturalität, der Transreligiosität und der Forderung nach lebensbegleitendem Lernen in einer Wissensgesellschaft wird die öffentliche Schnittstelle zwischen Kirche und Gesellschaft zunehmende Bedeutung erhalten (vgl. SCHRÖER 2004, 10).

- Nicht umsonst wird bedeutungsvoll von der Notwendigkeit einer "kulturellen Diakonie" gesprochen (vgl. HUBER 1998, 295).

- Die Frage der Professionalisierung Lehrender und Qualifizierung Lernender bleibt offen, insbesondere in einem Diasporagebiet (vgl. WITTPOTH 2006, 197-210; IT - Autorenbeitrag in diesem Netzwerk zum Freiwilligenmanagement).

4.4 Rechtsformen

Evangelische Erwachsenenbildung ist neben den Volkshochschulen, Bildungsträgern der Sozialpartner (LFI, WIFI, bfi), der gewerkschaftlichen Erwachsenenbildung und Katholischen Erwachsenenbildung ein Bestandteil des quartären Bildungsbereiches.

In Österreich betrifft dies

- die Evangelischen Bildungswerke, zusammengefasst in der "Arbeitsgemeinschaft Evangelischer Bildungswerke Österreich/ AEBW" als Mitglied im "Ring Österreichischer Bildungswerke",

- die Evangelischen Hochschulgemeinden (EHG),

- die Militär-/ Polizeiseelsorge und

- die Evangelischen Akademie Wien.

IT - Hinweise

● http://www.aebw.at (9.4.20)

● https://www.ehg-online.at (9.4.20)

Literaturverzeichnis

Angeführt sind jene Titel, die für den Beitrag verwendet und/ oder direkt zitiert werden.

Baron R. - Bohne J. - Hallwirth U. - Schreiner M. - Schulz J.(2000): Positionspapier Bildung und Erziehung in christlicher Verantwortung, Nürnberg: Evangelische Schulstiftung in Bayern

Blömeke S. - Bohl Th. - Haag L. - Lang - Wojtasik Gr. - Sacher W. (Hrsg.) (2009): Handbuch Schule. Theorie -Organisation - Entwicklung, Bad Heilbrunn

Dichatschek G. (2017): Interkulturalität. Ein Beitrag zur Theorie, Bildung und Handlungsfeldern im Kontext von Interkultureller Öffnung und Politischer Bildung, Saarbrücken

Dichatschek G. (2018): Theorie und Praxis Evangelischer Erwachsenenbildung bzw. Weiterbildung und Religionslehrerausbildung in Österreich - Politische Bildung, Saarbrücken

Dichatschek G. (2019): Lehre an der Hochschule. Ein Beitrag zu Dimensionen der Lehre, Lehrer(innenbildung), Fort- bzw. Weiterbildung Lehrender und Hochschuldidaktik, Saarbrücken

Hörburger Fr. (1967): Geschichte der Erziehung und des Unterrichts, Wien-München

Huber W. (1998): Kirche in der Zeitenwende - Gesellschaftlicher Wandel und Erneuerung in der Kirche, Gütersloh

Nipkow K.A. (1990): Bildung als Lebensbegleitung und Erneuerung, Gütersloh

Pollitt H.-E. - Leuthold M. - Preis A. (Hrsg.) (2007): Wege und Ziele evangelischer Schulen in Österreich, Münster - New York - München - Berlin

Schreiner M. (1996): Im Spielraum der Freiheit. Evangelische Schulen als Lernorte christlicher Weltverantwortung, Göttingen

Schröder B. (2012): Religionspädagogik, Tübingen

Schröer A.(2004): Change Management pädagogischer Institutionen. Wandlungsprozesse in Einrichtungen Evangelischer Erwachsenenbildung, Opladen

Seiverth A. (Hrsg.)(2002): Re - Visionen Evangelischer Erwachsenenbildung. Am Menschen orientiert. Bielefeld

Wittpoth J.(2006): Einführung in die Erwachsenenbildung, Opladen & Farmington Hills

IT - Autorenbeiträge

Die Autorenbeiträge dienen der Ergänzung der Thematik.

Netzwerk gegen Gewalt

 http://www.netzwerkgegengewalt.org > Index:

Erziehungswissenschaft

Schule

Erziehung

Lehrerbildung

Lehramt

Erwachsenenbildung

Fernstudium

Protestantismus

Dokumentationen

Zertifikat HSD$^+$

Herr
Dr. Günther DICHATSCHEK, MSc

hat den

internen Lehrgang für Hochschuldidaktik

HSD$^+$ Erweiterungslehrgang (WS 2015/16)

an der Universität Salzburg im Ausmaß von 2 ECTS-Credits

erfolgreich abgeschlossen.

Salzburg, am 25. Februar 2016

Univ.-Prof. Dr. Jörg Zumbach
Lehrgangsleitung

Univ.-Prof. Dr. Erich Müller   Ao.Univ.-Prof. Dr. Rudolf Feik
Vizerektor Lehre   Vizerektor QM & PE

Personalentwicklung

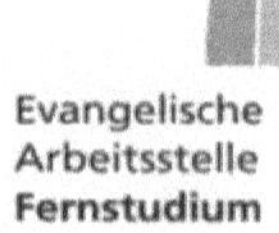

Zertifikat

für

Herrn
Dr. Günther Dichatschek MSc

über den erfolgreichen Abschluss des Fernstudiums

Grundkurs Erwachsenenbildung

Münster, den 22. März 2018

Dr. Gertrud Wolf

Leiterin der
Evangelischen Arbeitsstelle Fernstudium
im Comenius-Institut e.V.

Zertifikat

für

Herrn
Dr. Günther Dichatschek MSc

über den erfolgreichen Abschluss des Fernkurses

Nachhaltige Entwicklung

der Evangelischen Arbeitsstelle Fernstudium im Comenius-Institut e.V.

Münster, 17. August 2020

Frau Dr. Ada Gertrud Wolf
Leiterin der
Evangelischen Arbeitsstelle Fernstudium
im Comenius-Institut e.V.

Zum Autor

APS - Lehramt (VS - HS - PL 1970, 1975, 1976), zertifizierter Schülerberater (1975) und Schulentwicklungsberater (1999), Mitglied der Lehramtsprüfungskommission für die APS beim Landesschulrat für Tirol (1993-2002).

Absolvent Höhere Bundeslehranstalt für alpenländische Landwirtschaft Ursprung - Klessheim/ Reifeprüfung, Maturantenlehrgang der Lehrerbildungsanstalt Innsbruck/ Reifeprüfung - Studium Erziehungswissenschaft/ Universität Innsbruck/ Doktorat (1985), 1. Lehrgang Ökumene - Kardinal König Akademie/ Wien/ Zertifizierung (2006); 10. Universitätslehrgang Politische Bildung/ Universität Salzburg - Klagenfurt/ MSc (2008), Weiterbildungsakademie Österreich/ Wien/ Diplome (2010), 6. Universitätslehrgang Interkulturelle Kompetenz/ Universität Salzburg/ Diplom (2012), 4. Interner Lehrgang Hochschuldidaktik/ Universität Salzburg/ Zertifizierung (2016) - Fernstudium Grundkurs Erwachsenenbildung/ Evangelische Arbeitsstelle Fernstudium, Comenius - Institut Münster/ Zertifizierung (2018), Fernstudium Nachhaltige Entwicklung/ Evangelische Arbeitsstelle Fernstudium, Comenius - Institut Münster/ Zertifizierung (2020).

Lehrbeauftragter Institut für Erziehungs- bzw. Bildungswissenschaft/ Universität Wien/ Berufspädagogik - Vorberufliche Bildung VO - SE (1990-

2011), Fachbereich Geschichte/ Universität Salzburg/ Lehramt Geschichte - Sozialkunde - Politische Bildung - SE Didaktik der Politischen Bildung (2026- 2017).

Mitglied der Bildungskommission der Evangelischen Kirche Österreich (2000- 2011), stv. Leiter des Evangelischen Bildungswerks Tirol (2004 - 2009, 2017 – 2019).

Kursleiter der VHSn Salzburg Zell/ See, Saalfelden und Stadt Salzburg/ "Freude an Bildung" - Politische Bildung (2012 – 2019).

 mailto:dichatschek@kitz.net

Printed by Books on Demand GmbH, Norderstedt / Germany